AF340303

Programme
de la
PANGRAPHIE
partie fondamentale

de la Caractéristique Syntactique, système
de notation universelle, déduit d'éléments
simples méthodiquement combinés.

———————

Cette écriture de douze chiffres duodénaires sert dans toute la
généralité possible, d'Arithmographie, de Glossographie, de
Stenographie, de Cryptographie, de Télégraphie, d'Acoustographie et d'Epsphographie, et elle contient les matériaux pour
la Mnémonique et l'Idéographie.

. . . . ambagesque resolvit,

Cæca regens filo vestigia . . . . *Enéide*, livre VI, 291.

PAR BÜRMANN,

Professeur de Mathématiques et de Négoce, Directeur
de l'Académie Badoise de Commerce à Mannheim,
et Censeur politique pour la partie françoise.

———————

MANNHEIM,
de l'Imprimerie de Kaufmann et Friederich
1807.

PRINCIPAUX OUVRAGES DE L'AUTEUR.

1) Ostens Mystenschule, 2) Sulmis et 3) Eudoxe *), 4) Musophilie **) ou de l'avantage des sciences et des études perfectionnées pour l'état; 5) le Développement Général et

*) Ces trois poëmes se trouvent dans la librairie Schwan et Götz à Mannheim: le dernier d'un genre singulier, vient de quitter la presse. Comme, pour des raisons trop souvent nécessaires en littérature, mon nom ne se trouve point aux deux premiers ouvrages et qu'on a abusé de cette anonymité à mon désavantage, je crois devoir revendiquer publiquement ma propriété. Feu M. de Lalande, qui a fait le rapport d'Ostens mystenschule dans le Magazin Encyclopédique de Janvier 1805, m'a d'ailleurs nommé, en me donnant des éloges que je ne mérite sous aucun rapport, mais qui prouvent du moins que le grand astronome avoit une autre opinion de moi que les collaborateurs anonymes de certains journaux. Et on sait que M. de Lalande n'étoit pas adulateur, et je n'ai jamais eu occasion de lui rendre un service, et je n'étois point de son opinion en dogmatique. Il ne voyoit en moi que l'homme qui aime les lettres au dépens de sa fortune et de son repos.

**) Dans la librairie Kaufmann et celle de Schwan et Götz à Mannheim. Cet opuscule de 150 pages a été attaqué comme un grand ouvrage, et avec ce manque absolu de décence qui caractérise le juge incompétent. Son plus violent détracteur a pourtant approuvé le projet d'une sage liberté de la presse, chapitre VI. Il me semble que les deux programmes d'Eléments mathématiques et commerciaux, que le plan d'éducation d'un futur ministre dirigeant (qui peut servir pour chaque enfant riche) sont tout

le Polynome Combinatoire publiés en 1803 à Leipzig ***), par le Professeur Hindenbourg, de l'Académie des sciences de Berlin, dans son Recueil d'Analyse Combinatoire et de Calcul de Dérivation; 6) la Contor-Encyclopædie ****) dont le premier volume a paru en 1806; 7) des

aussi peu de vaines spéculations: et Musophélie contient bien d'autres vues utiles. Mais dans cette petite piece écrite en françois pour les princes et leurs entours, j'ai eu l'inadvertance de ne parler ni de la théosophie, ni de cette philosophie qu'on appelle metaphysics en Angleterre: mais dans un élan oratoire j'ai dit, d'après le judicieux D'Alembert, qu'il faudroit, par des extraits choisis, réduire à deux mille volumes ces immenses bibliothèques que le plus infatigable lecteur ne pourroit parcourir en dix siècles; j'ai appuyé sur la nécessité de séparer dans certaines études l'or de son amalgame sans prix; mais je n'ai flatté aucun des partis dominants de mon pays, en nommant la France ma nourrice litéraire . . . . . . hinc iræ, hinc odium.

***) Dans la librairie Schwickert à Leipzig.

****) S. M. l'Empereur Napoléon a daigné permettre que son nom héroïque fut à la tête des souscripteurs. Je préviens ici les étrangers qui, supposant que la souscription étoit pour moi, me causent des ports continuels pour me presser de livrer les trois autres volumes in-quarto; que la librairie Bender à Mannheim en est l'éditeur sous la raison Industrie-Contor, et qu'elle a déclaré dans nos gazettes que des malheurs, suites des guerres du Sud et du Nord de l'Allemagne, l'obligent de suspendre l'impression de mon Encyclopédie Commerciale et de l'Histoire Naturelle de Gmélin. Et effectivement elle n'a pu encore me payer les honoraires de la première partie.

mémoires académiques dont un imprimé dans ceux de l'Institut National de France de l'an VII, outre plusieurs moindres pièces de mathématiques, de litérature et de technologie *****).

—————

*****) Aucun de mes amis n'ayant pensé d'envoyer la liste de mes ouvrages au laborieux et estimable Meusel, mon nom, comme celui de beaucoup d'autres gens de lettres de ma patrie, ne se trouve pas encore dans son grand dictionnaire des savants. C'est pour cette raison, et parce qu'il importe que l'auteur d'une pangraphie pour toutes les nations ne soit pas cru novice dans les sciences, que j'ai cité celles de mes productions auxquelles j'attache quelque prix. Pour compléter ce régistre, j'avertis que mon grand drame héroïque en cinq actes avec des chants et des chœurs paroîtra incessamment. Il s'intitule *Der Weltfriede, oder die edelmüthigen Krieger*, la Paix du Monde, ou les Guerriers généreux. La guerre entre Sésostris et les Phéniciens en est le sujet, et l'issue en est telle que l'Europe la souhaite en ce moment. Cette pièce de théâtre sera suivie, et peut être précédée, des Vertus politiques de Tamerlan, ouvrage traduit du persan et de l'anglois, avec des notes historiques et critiques. Ce grand prince, à qui il n'a manqué que de commander à un peuple cultivé, n'est pas assez connu.

Qu'il me soit permis de dire ici une fois pour toutes à ceux qui, sans me connoître, me reprochent d'écrire trop et en trop de genre différents, que les ouvrages que je publie dans l'âge mûr, ont été commencés il y a trente ans et plus, et que je donne aux études accessoires le tems que d'autres passent en recréations de société. Trop heureux si je pouvois payer à mon siècle le tribut de ma bonne volonté, sans perdre du tems en tracasseries litéraires qui déshonorent les sciences et ceux qui les cultivent!

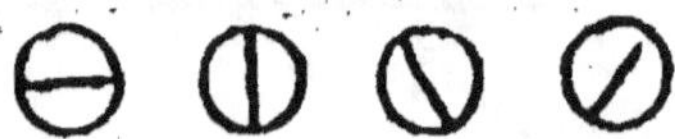

Selon son étymologie grèque, la pangraphie est une Écriture Universelle remplaçant avec avantage les mille écritures alphabétiques, numériques, sténographiques, cryptographiques, télégraphiques, musicales, enfin chaque notation qui ne demande point l'image de la chose. Elle résout donc et bien audelà le problème du sénateur Volney (Moniteur 1805, Octobre 23 et 24), de trouver un alphabet pour la prononciation de tous les peuples: elle remplit encore plus le vœu de J. J. Rousseau, de n'avoir, comme les anciens, que les mêmes caractères pour la langue, le calcul et la musique.

Les éléments de la pangraphie sont les douze formes les plus simplement distinctes, provenant de la combinaison de la droite et de la courbe avec les quatre situations les plus frappantes sur une table opposée aux yeux; l'horisontale, la verticale, les obliques à gauche et à droite: [1])

—	|	\	/	⌒	⌒	C	Ɔ	◡	◡	◡	◡
0	1	2	3	4	5	6	7	8	9	10	11

---

1) Pour retenir sans peine ces douze formes, posez un cercle de sorte que son diamètre soit successivement horisontal, vertical, incliné à gauche, incliné à droite.

Ces éléments pangraphiques que je nomme PANGRAMMES, Caractères universels, sont donc des chiffres duodénaires, ou si l'on aime mieux, les numéros nul, un, deux jusques et compris onze. ²) La combinaison en forme, à l'aide des têtes noires et blanches diacritiques,

***

Les pangrammes en sont pris dans l'ordre boustrophédon, en commençant par les droites ⌐) \, passant là aux traits courbés vers la gauche / ⌐ (, puis à ceux courbes à droite) \ /, et enfin aux concavités ascendante et descendante ⌒ ⌣. En prenant dans notre arithmétique dénaire zéro pour initial, onze et douze pour surnuméraires, les chiffres 1 2 3 sont des pangrammes droits, 4 5 6 des courbes à gauche, et 7 8 9 des courbes à droite. Ce n'est qu'après plus de deux cents changements, dont chacun étoit le résultat de nombreuses applications, que j'ai trouvé la suite donnée la plus propre à tous les emplois pangraphiques.

Aux quatre traits droits de LV initiales de LITERÆ VNIVERSALES, lettres universelles, ajoutez de part et d'autre des courbes, vous obtiendrez également les pangrammes. ΓΛ initiales de Γραμματα Λογου, caractères de la raison, remplissent le même but mnémonique.

²) Dans les Questions Platoniques Plutarque fait dire à Platon que les anciens grecs écrivoient tout avec onze caractères qui étoient peut-être aussi des chiffres duodénaires en comptant pour rien l'aspiration que je numérote zéro, pour n'être que l'expulsion plus ou moins forte de l'haleine sans autre fonction des organes glossiques. Cette manière d'écrire doit avoir eu lieu avant Cadmus qui introduisit les seize lettres nommées d'après lui phéniciennes, auxquelles Palamède et Simonide ajoutèrent chacun quatre autres, selon le Symposiaque.

Il semble même en général que les alphabets sont nés

une écriture régulière aussi agréable à la vue
que facile à la plume.

Par sa simplicité la pangraphie est plus propre qu'aucune autre écriture à être lue au tact
par les aveugles. Elle s'exécute avec la même
commodité de droite à gauche et de gauche à

---

des chiffres. Comme les éléments du calcul sont infiniment moins arbitraires et cachés que ceux de
l'écriture proprement dite, on trouve partout | signe
d'un doigt pour un, ⊔ ou V hiéroglyphe d'une main
pour cinq, et ⊔⊔ ou VΛ image des deux mains
pour dix. La différence ne consiste que dans la si-
tuation ou la contraction. Le cinq damoule ⊔ est ∏
chez les grecs et les hébreux, V cinq romain est
Γ en formosan; X dix est + en Chine et ᴟ en ⊔⊔
damoule. Cette dernière forme qui est celle du schin
sémitique, renforce la conjecture du docteur Hager.
J'ai fait voir dans la partie arithmétique de ma
Contor-Encyklopädie, page 17, que dans tous
les alphabets primitifs depuis l'Éthiopie berceau pré-
somptif des égyptiens, jusqu' aux Indes et en Tar-
tarie, les lettres 5me et 10me sont l'hiéroglyphe de
ces nombres et les signifient. La 10me a comme chez
moi, ordinairement la prononciation Yi. Le Hé phé-
nicien présente le pouce et les quatre doigts de la
main droite. J'ajoute que dans cet alphabet et dans
ses affiliés l'essentiel de la première lettre est une
droite forte (seule restée dans l'elif arabe) qui
semble représenter l'index, tandis que les petits accessoires variables sont l'image des autres doigts fer-
més. La même chose a lieu pour la première lettre damoule qui a pareillement la valeur un. Cette
convenance frappante des lettres 1re, 5me et 10me
avec les chiffres naturels de I, V, X prouve que
les nombres ont eu pour le moins autant de part
à la production des alphabets, que les images sim-
plifiées des autres choses les plus connues.

droite, de haut en bas à la chinoise et de
en haut à la mexicaine, et même dans to
les sens comme certaines inscriptions de Tche-
hil - Minar. Cette propriété est nécessaire pou
recommander la pangraphie à toutes les nations
du globe.

Voici mes principales applications de cette
écriture universelle.

1) Arithmoographie ou écriture du calcul.
Elle offre à chaque système imaginable de nu-
mération, (par exemple binaire, ternaire, té-
tractique, octadique, dénaire, duodénaire, sex-
décimale, vicésimale, tricésimale, sexagésimale,
centésimale etc.) des chiffres très simples qui
s'expliquent eux - mêmes.

2) Glossographie ou écriture de la pronon-
tiation. [3]) Les pangrammes notent celle - ci

Si la manière de compter par douze, ne nous vient
point d'une peuplade sexdigitaire (Maupertuis a fait
voir que cette variété est moins rare qu'on ne pense,
et comme les naturalistes savent, les variétés peuvent
à la longue devenir caractère), elle nous vient d'une
nation très instruite oubliée aujourd'hui. La nature
n'offrant point le prototype de douze, comme celui
de dix, dans nos mains, il a été pris ou des douze
mois lunaires, ou dans la division du cercle par son
rayon, ou les douze pangrammes l'auront suggéré.
Le partage en douze de l'année, du jour, de la livre, du pied etc. est de la plus haute antiquité.
Aristote parle d'un petit peuple qui avoit l'arithmétique duodénaire : il auroit dû nous conserver ses
chiffres et nous apprendre son origine.

3) L'Okygraphie promet la même chose : mais
n'ayant qu' un seul signe pour les différens *a*, un
seul pour les six *e* françois, et ainsi de suite, elle

avec une exactitude impossible aux dix mille lettres alphabétiques réunies.

Fondée combinatoirement sur les principales fonctions des organes de la parole, classant les sons en élémentaires, modifiés et composés, la pangraphie présente les langues sous un aspect nouveau, éminemment intéressant pour le philologue philosophe. On pourra par elle savoir enfin réellement la prononciation des autres parties du monde, et on ne disputera plus sur un mot tartare ou chinois, également estropié à la portugaise et à la françoise, à l'angloise et à l'allemande. J'ai sous les yeux

---

n'écrit même que très imparfaitement la langue françoise. L' *h*, les deux *th* et le *ng* anglois, les deux *ch* allemands, le *g* hollandois lui manquent absolument, outre tant d'autres sons asiatiques etc. pour lesquels l'alphabet romain n'a pas même de lettres approchantes. A la prononciation complette appartiennent de plus la force et la durée, les tons emphatique et musical: l'Okygraphie ne pourroit leur donner que des signes qui ont déja leur valeur. En rendant toute la justice dûe à cette ingénieuse réalisation d'une idée de l'ancienne Encyclopédie, on doit dire que la pangraphie, qui n'a pas besoin de portées, est tout autrement simple et riche, et que c'est elle qui peut s'appliquer les mots d'Horace:

Legitimum sonum digitis callemus et aure.

L'écriture et typographie compendieuse! de Pront doit avoir un mérite réel, puisque son rapporteur l'Abbé Sicard, et l'auteur de l'Okygraphie lui-même, la préfèrent aux autres systèmes abréviateurs. Mais n'employant, comme on m'assure, que les caractères romains, elle ne peut atteindre ni la simplicité, ni la généralité de la pangraphie, sans compter les autres avantages de cette dernière.

six alphabets arabes, et malgré mes soins, la valeur de plusieurs lettres m'est encore problématique pour être contradictoirement expliquée par nos alphabets imparfaits. Les tables comparatives de la pangraphie, sur lesquelles je consulterai encore les corps littéraires compétents, lèveront a peu près l'indécision.

Ce qu'on appelle Orthographe est une manière conventionelle de représenter tel mot par telles lettres, sans s'embarasser si on les entend ou non. En françois et encore plus en anglois, il faut apprendre toute la langue écrite par cœur. En italien et en allemand, on n'a pas à la vérité des mots comme beaucoup et handkerchief; mais la prononciation de giacohé et gestræuch n'en est pas moins en contradiction avec les lettres employées; mais même dans l'orthographe la plus sensée des existantes, la langue écrite est plus difficile que la parlée pour le commençant. En pangraphiant la parole, tout ce qui est de convention disparoit, tout ce qui est naturel reste, et en apprenant une langue, la mémoire ne se charge que du mot entendu. Si cela n'est pas surprenant lorsque chaque son a son signe invariable, ce qui suit le sera pour bien de savants mêmes.

Avec les douze pangrammes, quatre mots mnémoniques et six petites règles diacritiques qu'on peut s'imprimer en moins d'une heure, on sait sur le champ,

pour chaque son parlé la lettre pangraphique qui lui convient, même en l'entendant pour la première fois;

pour chaque son pangraphié la prononciation ordinairement assez exacte pour que l'explication au long soit inutile.

Sous ce rapport la pangraphie est l'histoire naturelle de la parole.

Chaque lettre pangraphique portant sa généalogie au front, il semble que mon écriture universelle doive être prodigieusement compliquée, et grâces à la méthode combinatoire, elle est à la plume presque deux fois plus courte que l'impression françoise, à nombre égal de lignes et même hauteur respective des grandes et petites lettres. Ses caractères ne descendant jamais sous la ligne et pouvant, par leur simplicité, se faire de plus petit format que les romains, la pangraphie réduit aisément, sans rien sousentendre, même un Elzévir au tiers ou quart de son volume. Cette concision avertit assez qu'elle n'est pas chargée de distinctions détachées comme l'écriture turque-arabe. Aucune lettre pangraphique n'est si compliquée que la vulgaire, même pour un son composé tel que *x* francois, *z* italien, *psi* et *sti* grecs, *chtcha* russe qui est même triphone etc. [4])

---

4) Par l'extrême concision de la pangraphie et le peu de hauteur qu'elle exige, on peut écrire la prononciation sous chaque mot étranger d'un dictionnaire, et même de tout un livre; ceci abrégera considérablement l'étude des langues et surtout son ennui. Il y a plus; en apprenant les lettres pangraphiques avant que les organes ont perdu leur souplesse, on prononcera chaque son exotique comme un indigène.

Comme je prétends noter, au besoin, chaque nuance de prononciation, j'ai une ponctuation plus riche que les écritures vulgaires: chronique, tonique, musicale et pathétique. La mimique entre également dans mon plan, mais sa rédaction ne peut avoir lieu que dans un conservatoire de déclamation que je n'ai pas à ma portée.

Par peu de mots mnémoniques enseignés dans les écoles, les françois et les italiens pourroient s'approprier les langues du nord plus que pour la lecture, ce qui est d'une haute importance en voyage et surtout dans la guerre. Il en est de même des anglois, espagnols, portugais, russes, qui ont des relations avec des peuples encore plus éloignés. Mais même un adulte peut par la pangraphie se familiariser avec les sons étrangers les plus difficiles. S'il m'étoit permis de me donner pour exemple, je pourrois dire que je suis ainsi parvenu à prononcer chaque mot européen, asiatique etc. qu'on me dit. J'invite les amateurs de me mettre à l'épreuve. Les deux *th* anglois inconnus sur le continent, les *g* et *sch* hollandois, les rauques gutturales des alpes, le *Heth* des juifs allemands et polonois, l'*Ain* arabe ne m'ont coûté aucune difficulté.

La simplicité des formes, dont dérive la concision pangraphique, et l'universalité de cette écriture, la rendent éminemment propre aux inscriptions lapidaires. Les abréviations que le peu de place commande, deviennent, en employant des caractères romains, douteuses et même inintelligibles dans quelques siècles; le grand nombre de traits de A B E etc., isole des petites parties proéminantes, et rend ces lettres plus sujettes à éclater et à devenir par là méconnoissables, que les pangrammes, qui sont tous un trait continu également fort et sans angle.

A grandeur égale les pangrammes se distinguent de bien plus loin que les lettres vulgaires. Ci-contre en celles-ci, l'inscription de la page I, pangraphiée en prononciation antique; C'est à la postérité reconnoissante à l'ériger.

Les lettres pangraphiques étant tout autrement déterminées pour la force et la douceur, la longueur et la brièveté que les alphabétiques, les livres ordinaires ne demandent que les pauses, trois points pathétiques et un point tonique. Celui-ci peut même se sousentendre en françois où il tombe constamment sur la dernière syllabe sonore, et en polonois où la pénultième l'a dans les polysyllabes. En le supposant sans avertissement sur la première syllabe longue, ou sur l'initiale lorsqu'il n'y en a pas de telle dans le mot, les autres langues ont souvent plusieurs lignes sans point tonique.

3) STÉNOGRAPHIE ou écriture compendieuse. En écrivant toute la prononciation la pangraphie épargne, sinon plus l'encre, au moins plus le papier que toutes les sténographies existantes qui, pour monter et descendre, ne peuvent serrer les lignes. Mais par un mécanisme particulier de liaison, la suppression des voyelles médiales faciles à deviner, quelques modifications commandées par les sons les plus fréquents de chaque langue, et à l'aide de tables systématiquement abréviatoires, la pangraphie forme une écriture volante bien plus courte que celle de Taylor, et ce qui est surtout important à quiconque ne veut pas seulement s'emparer à peu près d'un discours public, elle est d'une lecture incomparablement moins laborieuse. Je lis sans peine ce que j'ai sténographié il y a un an en françois et en allemand. On m'objectera peut-être que c'est parce que la mémoire retient ce qui coule vite par la

(facsimilé de l'imprimé à côté.)

DIVO · NAPOLEONI · AVGVSTO ·
VICTORI · PACATORI · ORBIS ·
REGNORVM · DISPENSATORI ·
POPVLORVM · ARTIVMQVE · PATRI ·
OMNI · IN · SE · ET · A · SE ·
MVSAE · POSTERAE · SACRAVERE.

plume: à quoi je répondrai que c'est tant mieux. 5)

J'ai achevé les sténographies allemande et françoise à grandes tables abréviatoires, l'italienne, l'angloise, la hollandoise et la latine à petite table. Je compte successivement y ajouter celle d'autres langues très répandues. Personne que je sache n'a encore tenté les sténographies de deux langues seulement, et cela est en effet difficile quand on ne part point de principes généraux, communs à tous les pays et à tous les siècles.

4) CRYPTOGRAPHIE ou écriture secrète. Celle que la pangraphie offre ne laisse rien à désirer pour la concision, la facilité de s'écrire et de se lire, et pour l'impénétrabilité. Ne prenant pas plus de place que l'impression, elle résiste mieux à l'art divinatoire des Caspi, Wallis, Breithaupt que les chiffrements ordinaires, tels qu'alphabets de convention, chassis, encres non apparentes, etc. Mais le principal mérite de la pangraphie cachée, c'est qu'elle dispense de garder une clef saisissable, même pour mille correspondants, dont aucun ne doit pouvoir lire les dépêches de l'autre. La malveillance intéressée parvient trop souvent à se procurer les clefs cryptographiques les mieux gardées. Une absence, une maladie du chef, la prise de l'agent le plus sûr, sa mort inopinée qui laisse tout à l'abandon . . . . . . plus d'un état en a éprouvé les suites funestes.

---

5) Mais je lis aussi facilement ce qu'un autre écrit dans ma sténographie; et dans cette partie que j'ai travaillée la dernière, je n'ai qu'un médiocre exercice.

On pense bien que la méthode prolixe [6] de représenter chaque lettre par la page, ligne et place d'un livre convenu, n'est pas digne de la pangraphie. Par le procédé de celle - ci les gouvernements pourront écrire à leurs ambassadeurs par les gazettes plus surement qu'aujourd'hui par les exprès. Pour lever tout doute à ce sujet, je propose dans mon ouvrage, après avoir donné la méthode, un prix de cent exemplaires, édition magnifique, pour quiconque déchiffrera en deux mois un passage assez long de Montesquieu cryptographié en moins d'espace que l'impression. En connoissant le passage, il sera encore très difficile de trouver la clef qu'on peut d'ailleurs changer sans cesse. Cette propriété décélera peut - être le fond de mon secret aux connoisseurs; mais le secret lui - même n'en est pas moins sûr dans l'application, et la lumière ne doit pas rester sous le boisseau.

---

6) Dans les Mémoires de M. D. L. R. l'auteur qui étoit agent, dit qu'il employoit ainsi un Saint - Augustin, et il croit qu'il auroit fallu de la magie noire pour deviner ses dépêches. Mais supposons qu'il eut été arrêté, l'examen de sa correspondance auroit par la longueur des mots fait soupçonner la méthode, et alors le déchiffrement étoit de l'espèce la plus simple même, sans connoître le livre. En prenant des syllabes, on auroit essayé les livres de l'agent, en commençant par les moins neufs, comme les plus employés. Ce secret cesse d'en être un dès qu'on sait la méthode. Une véritable Cryptographie doit être fondée sur des principes plus faciles, et avoir des milliards de chances en sa faveur. Alors elle peut se présenter à nu comme un cadenat combinatoire de 12 anneaux.

5) TÉLÉGRAPHIE ou écriture par signaux. La pangraphie lui offre, médiatement et immédiatement, des méthodes pour la nuit et le jour. Exigeant moins d'appareil que la télégraphie françoise et suédoise, la pangraphique est particulièrement propre à la guerre tant de terre que de mer. Mais bien plus facile dans l'apprentissage, elle supporte aussi de plus grandes distances, et peut même s'exécuter avec un seul signal.

Il y a plus: en transportant ici au tems les fonctions de l'espace, elle permet, par l e s éclairs de poudre, de pangraphier en stations de 20, 30 et plus de lieues. [7]) On pourroit ainsi, en stationnant des navires de dégré

---

[7]) J'ai observé avec mon ami l'astronome Bary des signaux pareils faits à 24 lieues d'ici pour déterminer la longitude de Friedberg. Quoique des montagnes se trouvassent entre deux et que le tems fut chargé de nuages, je distinguai tous les éclairs de poudre à l'œil nu comme à l'œil armé.

Il est suprenant que ces signaux imaginés en 1749 par Cassini et La Caille, n'ayent pas trouvé plus d'applications. Le savant De Zach les remit en usage il y a peu d'années, et fit voir que quelques onces de poudre brûlant sur une montagne en plein air, s'apperçoivent à trente et plus de lieues. Et personne n'a encore songé à appliquer ce moyen simple à la télégraphie!

Pour en tirer tout le parti possible, il faudroit une suite d'expériences qu'un particulier ne peut pas bien entreprendre, et que par conséquent le gouvernement devroit ordonner. J'en vais proposer quelques unes.

8) Je trouve qu'on distingue bien trois intensités d'éclairs: il faudroit voir si l'on n'en peut pas distinguer d'avantage; si en mêlant la poudre on ne

en dégré, transmettre en un jour une courte nouvelle d'Europe en Amérique, et en postant des pangraphes sur les cimes des montagnes, jusqu'aux Indes Orientales. A ceux qui doutent de la possibilité d'une telle correspondance gigantesque, parce que je suis le premier qui en parle, je rappellerai la plaisanterie profonde de Voltaire: qu'on ne s'avise jamais de tout, même longtems après qu'on sait ce qu'il faut faire. Le Pentateuque parle déja des signaux ignés (Voyez la note 7);

----

pourroit pas les faire durer plus longtems. Quoique la télégraphie pangraphique puisse à la rigueur, se contenter d'une seule espèce de signal, elle agit plus rapidement quand elle en a d'avantage à sa disposition:

b) A quelle distance on apperçoit sur mer ou en plaine une livre de poudre brulée librement; dans un mortier ou canon posé verticalement, horisontalement et à plusieurs angles intermédiaires: à quelle distance on distingue ainsi 2, 3 etc. livres, 16, 12, 8, 4 onces:

c) Si dans un éloignement d'un grade (22½ lieues françoises ou 13½ milles allemands) une élévation de cent pieds produiroit une augmentation considérable d'effet, un objet devant s'y élever de 787 mètres pour devenir visible. La refraction aide ici:

d) Essayer le semen lycopodii et d'autres matières moins dangereuses que la poudre:

e) Si l'on ne pourroit pas attacher, sur terre et sur mer, un ballon aérostatique et y faire les signaux. Remarquons en passant qu'un ou plus de ballons pourroient, par un vent de poupe, augmenter considérablement la vitesse d'un navire, et même le sauver dans une tempête.

f) J'ai vu la fumée du Vésuve dans les marais

Polybe en forma le premier, à ce qu'il paroit, une télégraphie réelle (chapitres 43 à 46); Cardan en proposa un perfectionnement (de subtilitate, livre XVII), les signaux de mer sont en usage depuis longtems, et ce n'est que depuis la révolution qu'on en a fait une correspondance en forme. Mais on ne l'employe pas à beaucoup près autant qu'on devroit, non plus que les aérostats [8] si propres à la télégraphie.

----

pontins. Le jour tout objet non lumineux se découvre par l'air ambiant. Il faudroit d'après ces données essayer des colonnes de fumée plus ou moins denses, mêlées ou non d'étincelles. Ces signaux diurnes et nocturnes sont très connus des nomades du désert, et Moïse s'en servit déja heureusement selon le chapitre IX des Nombres. Mais il s'agit d'en faire une écriture régulière.

g) Sur un point élevé un feu de bois ou d'houille se voit de nuit à de très grandes distances par l'illumination de l'air supérieur. Il faudroit voir si en l'enfermant dans une espèce de cheminée, et le masquant plus ou moins par une blinde, on ne distingueroit pas facilement plusieurs dégrés de lueur, surtout à l'aide de réverbères paraboliques.

h) Un mortier tirant verticalement ou en inclinaison convenable une bombe qui éclateroit à sa plus grande hauteur, pourroit, si les observateurs étoient sur des hautes montagnes, se voir à 60 lieues.

Tout ceci est pour les très grands éloignements; pour les ordinaires j'ai des moyens suffisants, tant pour la nuit que pour le jour.

8) Une ville assiégée pourroit ainsi faire partir un courier que l'armée ennemie n'intercepteroit point. En profitant d'un vent convenable ou d'un courant d'air supérieur, ni la Manche, ni le Sund, ni le Bosphore ne seroient un obstacle.

Les souverains devroient établir des postes télégraphiques de capitale en capitale. [9]) Outre l'épargne des couriers dont la fréquence donne de l'ombrage et qu'on dévalise quelques fois pour cette raison, les traités pouvant être ratifiés le jour de la conclusion, ne seroient plus sujets à être rompus par les intrigues d'un tiers. La télégraphie cryptographique garantit mieux le secret qu'un homme de confiance dont l'or ou les femmes peuvent faire un traître.

Je donne en accessoire une manière très praticable de commander une compagnie, un bataillon, un corps et même la plus grande armée par la télégraphie pangraphique. A de médiocres distances un drapeau, un fusil, un sabre, et même une branche d'arbre ou la main nue, suffisent, pour les grandes j'ai imaginé un char à zig-zags à l'usage des chefs. Il leur servira en même tems à des reconnoissances plus rapides et exactes, et beaucoup moins dangereuses que les ordinaires. Que de batailles perdues parce que le général s'exposa trop pour connoître mal la position de l'ennemi, parce qu'un aide de camp porteur d'ordres importants fut tué ou pris! [10])

---

9) Les fraix se gagneroient en partie en faisant servir le télégraphe, à tant par lettre ou mot, à transmettre des avis particuliers sans conséquence pour l'état et le public. Par exemple: »Mylord Z, votre mère malade vous demande.«

10) Les reconnoissances deviennent souvent, contre leur but, des combats sérieux et n'apprennent alors que peu de chose. Un parti qui trouve de la résistance n'apperçoit point les forces cachées derrière

6) Acoustographie et Épaphographie, écritures pour l'ouie et le tact. Au moyen du canon dirigé convenablement, à plusieurs lieues : par une trompette à quelques mille pas, surtout de nuit : par un cordon à sonnette d'un appartement à l'autre, et même du palais d'un sou-

______

une colline, ou dans un ravin, les batteries masquées par des broussailles ou de la cavallerie. Mon char panographique qui élève et abaisse en peu d'instants l'observateur à 50, 60 etc. pieds, permet en plaine à voir loin derrière le masque. Cette machine en présentant peu de surface ou canon, est d'un transport plus facile qu'une pièce d'artillerie légère. Au dos d'une troupe engagée et couverte d'une fumée rampante, le commandant s'élevant de tems en tems, pourra découvrir l'ennemi qui cherche à tourner etc.

Oter au hazard dans la guerre pour faire dépendre ses succès de l'art réuni à la valeur, c'est la rendre moins meurtrière ; c'est un service plus essentiel pour l'humanité que les projets d'une paix perpétuelle qui semble incompatible avec notre nature. J'ai remarqué dans Musophélie, que l'homme ayant toujours fait la guerre, la fera tonjours.

En revanche les inventions militaires qui ne font que rendre la guerre plus précaire et plus cruelle devroient être rejetées des nations civilisées : telles sont les bombardements de villes que la tranchée fait prendre quelques jours plus tard, les nouvelles machines infernales et fusées incendiaires. Ces moyens ne donnent qu'une supériorité momentanée et obligent l'adversaire à des ressources plus terribles encore. Si une flotte parvenoit à brûler un port hors de la portée du canon, on trouveroit l'art de détruire la flotte sans péril. Ce secret d'un américain que son gouvernement a payé 15000 livres sterling (360,000 francs), j'en connois d'autres qui pourroient le trouver, s'ils ne craignoient l'immortalité de la malédiction.

verain à celui de son ministre. Le cordon pourroit aboucir d'une manière invisible à une table, au lit etc. et y pangraphier par secousses sans qu'un témoin s'en apperçut. Ceci est un nouveau moyen d'avertir une personne éminente d'un danger pressant.

On pourroit ainsi, ou par un autre instrument ou la main, s'entretenir avec quelqu'un qui auroit perdu l'ouie et la vue.

Comme un coup de marteau ou de pioche se fait entendre dans les mines au travers d'un milieu solide de cinquante et plus de pieds, je prouve que Trithême a pu promettre, sans charlatanisme, de parler avec quelqu'un enfermé sous terre ou dans une tour sans porte ni fénêtres.

Ces deux parties, comme on voit, sont des compléments de la télégraphie, et ou y peut beaucoup ajouter. La science des signes est une terre assez nouvelle, quoique travaillée depuis tant de siècles.

7) MUSICOGRAPHIE. On voit sans peine que les douze pangrammes sont les meilleures notes pour le système chromatique. [11]) On peut à volonté les employer à la manière vulgaire pour

---

[11]) En supposant 1 la quantité quelconque de vibrations d'un ton fondamental, et faisant pour abréger $2^{\frac{1}{12}} = b$, on a dans le tempérament l'octave on plutôt douzaine chromatique exprimée par

$$b^0, b^1, b^2, b^3, b^4, b^5, b^6, b^7, b^8, b^9, b^{10} b^{11}$$

Le plus naturel est d'exprimer ces rapports par les

des tons fixes, ou comme signes d'intervalles
tel que les chiffres de J. J. Rousseau. Ils ont
sur ceux-ci le très grand avantage de la simplicité et d'indiquer des intervalles égaux par
des différences égales. Par eux-mêmes et par
les moyens abréviatoires que je donne, un mu-
sicien exercé pourra suivre à la plume une voix
ou un instrument non-compliqué, et la concision est telle, à se contenter, au besoin, d'une
feuille de papier pour la partition d'un opéra.
Chiffrant la basse continue d'une manière aussi

---

exposants 0, 1, 2, 3, 4, 5, 6, 7, 8, 9, 10, 11. Or
ces nombres sont précisement mes pangrammes.
  Soit f un nombre fixe de vibrations, alors l'octave
chromatique sera

$$fb^0, \ fb^1, \ fb^2, \ fb^3, \ fb^4, \ fb^5,$$
$$fb^6, \ fb^7, \ fb^8, \ fb^9, \ fb^{10}, \ fb^{11}.$$

  Si le tems normal est un millionième de jour
(à peu près un douzième de seconde vulgaire), f
est, selon mes expériences et calculs, $= 30{,}0096$
ou 30 vibrations : c'est le ton fa qui est aussi normal
en Chine, et pour lequel la gamme romaine
F G A B C D E est faite.
  En nommant les intervalles : Unisson ou Nullième,
1r sémiton au dessus, ou simplement 1r, 2e, 3e, 4e, etc. ;
les distinctions petite et grande, superflue et
diminuée qui tourmentent tant les commençants,
pourroient s'abandonner, et la basse continue devien-
droit bien plus claire et facile. Mais la musique
n'est pas si docile que la chimie qui a adopté sans
répugnance une nomenclature simple et parlante.
  J'avertis que je note aussi, où il le faut, les différences enharmoniques, et d'autres modifications pour
lesquelles on n'a pas encore des signes.

courte qu'instructive, ma musicographie rendra infiniment plus aisé de chanter et de jouer à livre ouvert.

Je connois trop la force d'inertie des notations reçues pour prétendre déposséder les portées, les dièses, bémols et bécarres, les signes chroniques d'autant plus chargés qu'ils marquent des tems plus courts, le chiffrage équivoque et la terminologie embrouillée dont le grand harmoniste Vogler dit (Ueber die harmonische Akustik), qu'elle est un persifflage continuel du sens commun: je sais trop que ma musicographie, pour être meilleure que celle de Rousseau, ne mérite pas plus qu'on lui sacrifie les bibliothèques de notes existantes: mais comme sténographie musicale elle pourra servir aux jeunes compositeurs qui peuvent encore changer d'habitude, et aux amateurs qui veulent sans beaucoup de peine prendre une connoissance de la musique théorique et pratique.

8) Mnémonique ou mémoire artificielle. La pangraphie en offre aussi une, moins parfaite sans doute que celle des deux fameux mnémonistes modernes, mais qui en revanche n'exige point de nouvelle étude de la part du pangraphe. Il ne faut pas une minute à celui-ci pour s'imprimer douze chiffres et les redire dans l'ordre direct et rétrograde, et même par sauts prescrits de 2, 3 etc. Quiconque connoit l'avantage du numérotage dans les discours publics, les classifications scientifiques, les dates, noms historiques et cosmographiques, pressent que la méthode ne se borne pas à un tour de force apparent. J'ai commencé à donner plus d'étendue

à la pangraphie mnémonique en la présentant sous le symbole d'un temple mystique (Μυσικος σηκος), où les idées se logent et s'associent : je dois avouer pourtant que cette partie est encore au berceau, et j'attends pour la perfectionner que je puisse profiter des lumières de M. M. d'Arétin et de Feinaigle.

9) Il en est de même de l'IDÉOGRAPHIE TECHNIQUE, [12]) ou écriture scientifique des idées, qui a sa prononciation propre et que chacun

---

12) Comme un être physique ou moral se distingue de tout autre par assez peu de caractères (rarement dix et souvent beaucoup moins), en exprimant, comme en arithmétique, chaque caractère distinctif par la place et un chiffre, qui en pangraphie a sa prononciation simple, chaque mot est à la fois un nombre et un mot, et il en résulte une langue universelle écrite et parlée bien autrement utile et facile que le Real Character de l'Evèque Wilkins, la Pasigraphie de Maimieux, et tant d'autres inventions semblables, toutes d'ailleurs dignes de reconnoissance. L'Idéographie, plus courte, malgré sa richesse, qu'aucune des langues cultivées, contiendra donc les élements de toutes les sciences, et comme en Chine, plus on y saura de mots, plus on saura de choses, ce qui est souvent l'inverse en Europe. Ce qui fait le mérite de cette langue universelle c'est que chaque mot s'y explique lui même, comme le nombre par ses chiffres. Réalgar, Jusquiame, Plàture ne sont que des sons vides de sens pour la très grande majorité des françois : en idéographie où chaque pangramme ou son élémentaire exprime un caractère, les trois mots écrits ou prononcés suffisent, avec les premières lignes d'histoire naturelle, pour reconnoître trois individus dangereux des regnes minéral, végétal et animal. Et l'estimable auteur de l'Art des Signes (ouvrage sans plan-

peut aussi lire dans sa langue natale : les matériaux en sont dans la pangraphie. Mais pour
en bâtir un édifice régulier, qui soit plus qu'une
excellente lingua franca, mes forces et celles
de tout autre savant isolé sont insuffisantes. La
classification méthodique exige cent mains, et
la langue de conversation les plus profondes
recherches métaphysiques et philologiques pour
ne contredire ni l'ordre systématique, ni l'usage
général ou à peu près général. Le plan d'Idéographie technique que je donnerai un jour dans
l'Essai de Caractéristique Syntactique,
ne tracera donc que la route, en ébauchant les

---

ches), et notre immortel Herder, et tant d'autres
savants distingués ont pu dire qu'une langue universelle étoit impossible et inutile ! Ils ne l'avoient cer-
tainement pas envisagée sous le rapport qu'elle s'offre
ici. C'est celui, n'en doutons point, sous lequel le
grand Leibnitz, le profond Condorcet, le sage Con-
dillac en étoient enthousiasmés. Le dernier a dit en
ce sens dans sa Langue du Calcul (qu'on ne
doit cependant considérer que comme une ébauche) :
Toute science n'est qu'une langue bien faite.
Dans les notes, page 354 à 358 de mon grand
p... didactique Ostens Mystenschule, j'ai
donné des vues plus détaillées sur l'Idéographie Technique. J'en joins ici une de mes Fragments Com-
binatoires. »Chaque idée composée est une fonction logique d'idées simples ou supposées telles.
D'après ceci on peut mettre en problème : 1°. Etant
donnés les éléments et le mode de la fonction, con-
struire celle-ci ; 2°. Etant donnée la valeur de la
fonction, trouver un des éléments. Autre vue :
amour étant noté par un nombre pangraphique de
signe +, haine sera ce même nombre avec le signe —, et indifférence s'obtiendra en changeant ce
signe en zéro. Voilà une initiative d'algèbre
métaphysique qui a aussi ses exposants etc. «

parties à ma portée. D'autres les finiront ou referont le tout. Ce n'est pas le cas de la Pangraphie qui est dès ce moment un système achevé où il n'y a plus rien à changer, et auquel on ne peut ajouter que de nouvelles applications.

D'après ce que je viens d'exposer, la pangraphie est particulièrement utile au savant, au diplomate et militaire, mais surtout aux chefs dans ces parties; elle l'est pareillement à quiconque enseigne ou apprend des langues, comme à celui qui veut connoître et écrire la musique plus commodement que par les notes ordinaires. Enfin elle est très importante aux voyageurs pour affaires ou instruction, et à tous ceux qui ont beaucoup à noter, soit rapidement soit cryptographiquement.

Il est très naturel que les personnes qui n'ont pas fait, comme moi, une longue étude de la science des combinaisons et des signes, doutent de la possibilité d'un système qui produit tant de choses avec douze caractères. Mais outre que beaucoup de personnes d'ici et de l'étranger, entr'autres des savants distingués, comme M. M. Izarn et Chladni, ont vu la base et des emplois de ma méthode, chaque amateur peut, durant tout le mois de Septembre 1807, s'en convaincre par ses yeux dans ma maison, l'après-midi dans l'heure de quatre à cinq qui est la seule dont je puisse encore disposer. Et de plus, comme père de famille sans reproche, homme public et auteur qui prétend à l'estime présente et future de ses lecteurs, j'engage ma parole d'honneur, que la pangra-

phie remplit litéralement les fonctions
que je lui attribue. Pour pouvoir faire
une déclaration aussi solemnelle sans me com-
promettre, j'ai eu l'attention de n'annoncer
comme certain que ce qui l'est, en me servant
d'expressions douteuses ou correctives pour les
objets dont je ne suis pas entièrement sûr, quoique plusieurs me soient plus que vraisembla-
bles. 13)

---

13) Le vrai peut quelques fois n'être pas
vraisemblable, a dit Boileau. Quand je propose
seulement les huit premières applications de la pangraphie par manière de problème, les personnes les
plus instruites les tiennent pour impossibles, im-
praticables, ou du moins d'une grande difficulté
d'apprentissage. Après leur avoir montré les pangrammes et la manière dont je les employe, il n'est
pas rare que l'extrême simplicité fasse croire l'inven-
tion facile. Ceci est surtout le cas de ceux, qui
n'ayant pas inventé, ne savent pas qu'on marche
aux découvertes les yeux bandés, et qu'après avoir
découvert, on n'obtient le simple qu'en épuisant le
composé. C'est la mine d'or où il faut encore dé-
barrasser le métal de son minérai. L'Apollon du
Belvédère étoit sans doute dans le bloc de marbre;
mais il falloit l'en tirer, ce qui n'étoit pas aisé, même après que le sculpteur eut vu le dieu dans son
esprit, et en eût fixé l'image sur le papier et dans
le plâtre.

Ce sera bien autre chose encore quand la pangraphie sera d'un usage un peu étendu. Alors on ne
verra que le simple, et cela doit être et c'est là son
plus bel éloge. La belle qui écrit à son amant avec
une plume de platine, ne pense pas aux efforts immenses des chimistes qui l'ont rendu fusible et mal-
léable, ni à ce qu'il en a couté à Colomb ou à Mar-

Mon vœu, par ce programme, est de trouver un amateur pour la Pangraphie, qui veuille en entreprendre l'impression avec quelque magnificence, mais sans souscription, parce que cette voie de publication, toujours lente, compromet trop souvent l'auteur et le public. Je préviens aussi d'avance que l'ouvrage est trop dispendieux pour un éditeur ordinaire.

La Pangraphie, dont je soignerai encore toutes les parties, en la transcrivant pour la presse, formera un in-octavo élégant pour les amateurs

---

tin Behaimb pour trouver, pour imaginer même l'existence de l'Amérique.

Un homme de lettres très spirituel me dit dernièrement : »Il suffisoit d'avoir l'idée de la pangraphie, »pour trouver nécessairement la vôtre, puisque les »douze pangrammes s'offrent naturellement pour élé- »ments, et que dans leur application à l'Arithmogra- »phie, à l'Alphabet universel, et à la Musique, tout »devoit se placer comme il l'est.« Je répondis : C'est au moins quelque chose d'avoir eu le premier une idée si éminemment féconde : mais elle a germé dans mon esprit depuis la première fois que je lus Leibnitz, il y a près de quarante ans. Je l'avois déja essayée et réalisée de différentes façons, lorsque le problème du sénateur Volney lui donna tout à coup sa forme présente. Je fis voir ensuite combien de fois j'ai changé l'alphabet universel, toujours après de nombreuses applications à différentes langues : je prouvai par les numéros de mes tables, que les sténographies allemande et françoise ont déja subi 23 réformes et que je les perfectionne encore : je montrai la quantité de mes essais en musicographie, cryptographie et télégraphie. Cela eût son effet, car comme dit Horace :

Segnior irritant animos demissa per aures,
Quam quae sunt oculis subjecta fidelibus.

du simple utile, et un in-folio superbe pour les bibliothèques. Je ne demande pour honoraires qu'un nombre d'exemplaires respectifs, et le droit de refaire, si je le juge à propos, une nouvelle édition, aussitôt que deux-mille seront vendus ou cédés, en un mot sortis du magasin. Un livre d'un contenu si neuf et d'un intérêt si général trouvera partout des acheteurs. C'est par ce qu'il est pour toutes les nations que j'ai cru devoir l'écrire en françois, langue universelle en Europe et très repandue dans les autres parties du monde, ce qu'elle mérite par sa clarté. Ses difficultés d'orthographe et de prononciation disparoîtront par la pangraphie même, ce qui sera une nouvelle recommandation pour l'une et l'autre.

L'éditeur doit faire fondre un assez grand nombre de caractères pangraphiques, tant pour son avantage propre que pour celui du public. Sans des applications étendues aux principales langues et à plusieurs sciences, on ne peut assez apprécier la méthode; et sans types il faudroit au moins cent planches chargées, qui seroient par là d'une gravure et d'une correction également difficiles. C'est pour cette raison que j'ai supprimé une petite édition à mes fraix que je voulois principalement distribuer aux corps litéraires et à mes amis, pour donner une première idée de la pangraphie. Après l'avoir commencée par la gravure, je vis la nécessité des typés de fonte.

Pour la recommander à toutes les nations, il faut joindre aux principes qui sont très courts,

(*)

un recueil pangraphié de petits ouvrages classi-
ques des principales langues. En françois l'Art
poétique de Boileau qui prendra 10 à 12 pages; en allemand une ou deux des charmantes
Idylles de Gessner; en anglois l'Essai on man
de Pope; en italien des extraits de
Machiavel et du Tasse; en latin le traité
de Tacite, De moribus germanorum: et
ainsi de suite. Cent pages pangraphiques ser-
rées font de la sorte une petite bibliothèque por-
tative que je conseille de copier en entier, à
quiconque veut acquérir vite l'exercice de la
pangraphie et la prononciation exacte des langues étrangères.

En traduisant les Éléments de Pangraphie, ce
recueil pourra servir sans changement, et il
suffira d'ajouter une pièce de la nouvelle langue, si elle n'en a pas encore. Dans une tra-
duction arabe ce seroit une spéculation utile d'y
joindre le Coran entier; il ne demande qu'en-
viron 80 pages pangraphiques. Ceci est pour
l'éditeur marchand qui voudroit entreprendre un
ouvrage extraordinaire.

Quoique je n'aye rien négligé pour enrichir
la pangraphie d'applications importantes, elle
en auroit d'avantage et de plus parfaites, si je
n'étois à Mannheim réduit à mes propres livres.
J'aurois dû l'écrire à Paris, Londres, Péters-
bourg etc. où l'amateur de philologie peut con-
sulter de riches bibliothèques, des savants du
premier ordre en chaque genre, et ce qui n'est
pas moins précieux pour une pangraphie, des
étrangers de toutes les nations. J'eusse dû avoir
le tems et les moyens de refaire mon tour

d'Europe pour ce but seul, noter dans chaque capitale, chaque académie des sciences la prononciation normale, en expliquant moi - même partout la paugraphie et formant ainsi des pangraphes. Quelque claire que puisse être une méthode nouvelle dans le livre, elle s'enseigne dix fois mieux et incomparablement plus vite de vive voix. Par rapport aux langues de l'Asie et de l'Afrique un séjour à Constantinople m'eût été nécessaire.

Si la pangraphie, comme écriture, est tout ce qu'elle peut être pour les langues, mes tables de prononciation étrangère rédigées d'après des grammaires peu sûres ou des individus souvent sans culture, seroient plus exactes et plus riches si j'avois pu réaliser le dessein de ma jeunesse, d'apprendre l'homme dans toutes les parties du monde, et de connoître sur les lieux des idiomes si éloignés des nôtres, quoique produits par les mêmes organes. Mais la meilleure volonté ne peut rien quand on n'est pas à sa place : mais la plus grande application et l'enthousiame de la science sont comme ces germes précieux qui ne produisent que des feuilles dans une terre ingrate.

Quiconque désire entreprendre la Pangraphie est prié de me proposer ses vues en termes précis le plutôt possible. Il vaudroit mieux sous tous les rapports qu'il vint voir chez moi la base et l'emploi de la méthode ; car le principal ne peut s'écrire, ni même trop bien se communiquer au dehors. On peut en tout cas charger une personne d'ici de l'examen.

Pour ne point perdre du tems et des ports en inutilités, je préviens que je n'accepte qu'affranchies les lettres dont l'adresse ou le cachet me sont inconnus, et que celles que je laisse un mois sans réponse, sont censées n'en pas admettre de satisfaisante. On voudra bien pardonner cette mesure nécessaire à un homme surchargé d'occupations publiques et privées.

Mannheim sur le Rhin en Août 1807.

———

Ce programme a été présenté à la Censure au commencement d'Août, et quinze jours après l'impression en fût commencée. D'autres ouvrages plus pressés ayant occasionné un retard, et le mois de Septembre touchant à sa fin, je préviens les amateurs qu'on peut voir la pangraphie dans ma maison, près de la Comédie, C 3, Nro 19, durant tout le mois d'Octobre, depuis 4 à 5 heures l'après-midi ; mais non dans un autre tems, chacun de mes moments ayant sa destination.

Bürmann.

Italien —————— pangraphié

[illegible]

Senza chièdere magnanimo le pangrafie potrò non temer ostacoli, i quasi tal altra invenzione neglette, avair coll'inventore, e chi ricolta dall'obblio il genio delle della guerra et della pace, e dicono i santi fatti la Pangrafia di Napoleone ... cismo. ... volle Redublino, Adolfi. Poi